I0606301

LES PLANS D'EAU

LES ÉTANGS

Un livre de la collection
Les racines de Crabtree

DOUGLAS BENDER

CRABTREE
Publishing Company
www.crabtreebooks.com

Soutien de l'école à la maison pour les parents, les gardiens et les enseignants

Ce livre aide les enfants à se développer grâce à la pratique de la lecture. Voici quelques exemples de questions pour aider le lecteur ou la lectrice à développer ses capacités de compréhension. Les suggestions de réponses sont indiquées en rouge.

Avant la lecture

- De quoi ce livre parle-t-il?
  - *Je pense que ce livre parle des étangs et explique à quoi ils ressemblent.*
  - *Je pense que ce livre parle de l'eau et des étangs.*

- Qu'est-ce que je veux apprendre sur ce sujet?
  - *Je veux apprendre comment sont faits les étangs.*
  - *Je veux savoir quels animaux vivent dans les étangs.*

Pendant la lecture

- Je me demande pourquoi...
  - *Je me demande pourquoi des plantes poussent dans les étangs.*
  - *Je me demande pourquoi les étangs sont de petits plans d'eau.*

- Qu'est-ce que j'ai appris jusqu'à présent?
  - *J'ai appris que des poissons peuvent vivre dans les étangs.*
  - *J'ai appris que l'eau des étangs provient de la pluie.*

Après la lecture

- Nomme quelques détails que tu as retenus.
  - *J'ai appris que les étangs peuvent geler et se transformer en glace l'hiver.*
  - *J'ai appris que plusieurs types de plantes peuvent pousser dans les étangs et autour des étangs.*

- Lis le livre à nouveau et cherche les mots de vocabulaire.
  - *Je vois le mot* ***patiner*** *à la page 8 et le mot* ***poissons*** *à la page 10. Les autres mots de vocabulaire se trouvent à la page 14.*

Ceci est un **étang**.

La plupart des étangs sont petits.

L’eau de nombreux étangs provient de la pluie.

Tu peux **patiner** sur certains étangs.

Tu peux voir des **poissons** dans certains étangs.

Il y a des **plantes** dans tous les étangs!

Liste de mots

Mots courants

ceci	la	sont
certains	nombreux	sur
dans	petits	tous
de	peux	tu
eau	pluie	un
est	provient	voir

La boîte à mots

étang

patiner

plantes

poissons

41 mots

Ceci est un **étang**.

La plupart des étangs sont petits.

L'eau de nombreux étangs provient de la pluie.

Tu peux **patiner** sur certains étangs.

Tu peux voir des **poissons** dans certains étangs.

Il y a des **plantes** dans tous les étangs!

Auteur : Douglas Bender
Conception : Rhea Wallace
Développement de la série : James Earley
Correctrice : Janine Deschenes
Conseils pédagogiques : Marie Lemke M.Ed.
Traduction : Annie Evearts
Coordinatrice à l'impression : Katherine Berti
Références photographiques : Shutterstock : Poko : couverture; Sensorman : p. 1; Kauram : p. 3, 14; Zhukovoleg : p. 5; Raimo Lielbriedis : p. 6; Igor Kovalchuk : p. 9, 14; Zhukova Vanetyna : p. 10-11, 14; Rostislav Stefanek : p. 13, 14

Crabtree Publishing Company

www.crabtreebooks.com 1-800-387-7650

Copyright © 2022 **CRABTREE PUBLISHING COMPANY**

Tous droits réservés. Aucune partie de cette publication ne doit être reproduite ou transmise sous aucune forme ni par aucun moyen, électronique, mécanique, par photocopie, enregistrement ou autrement, ou archivée dans un système de recherche documentaire, sans l'autorisation écrite de Crabtree Publishing Company. Au Canada : Nous reconnaissons l'appui financier du gouvernement du Canada par l'entremise du Fonds du livre du Canada pour nos activités de publication.

Publié aux États-Unis
Crabtree Publishing
347 Fifth Avenue
Suite 1402-145
New York, NY, 10016

Publié au Canada
Crabtree Publishing
616 Welland Ave.
St. Catharines, Ontario
L2M 5V6

Imprimé au Canada/082021/CPC

Catalogage avant publication de Bibliothèque et Archives Canada

Titre: Les étangs / Douglas Bender ; texte français d'Annie Evearts.
Autres titres: Ponds. Français.
Noms: Bender, Douglas, auteur.
Description: Mention de collection: Les plans d'eau | Les racines de Crabtree | Traduction de : Ponds. | Comprend un index.
Identifiants: Canadiana (livre imprimé) 20210262222 | Canadiana (livre numérique) 20210262230 | ISBN 9781039603905 (couverture souple) | ISBN 9781039603967 (HTML) | ISBN 9781039604025 (EPUB) | ISBN 9781039604087 (livre numérique avec narration)
Vedettes-matière: RVM: Étangs—Ouvrages pour la jeunesse. | RVMGF: Documents pour la jeunesse.
Classification: LCC GB1803.8 .B4614 2022 | CDD j551.48/2—dc23